JN438385

붉은 윤곽

시와사상 시인선 28

붉은 윤곽

윤유점 시집

시와사상사

작가의 말

쓰고 싶은 것을 쓰지 않았다

날아가는 것을 잡지 않았다

빨간 등대가 보인다

갈매기가 날아오른다

- 오륙도에서 -

차 례

붉은 윤곽

제 2 부

차례

제 3 부

제 4 부

제1부

영시의 어둠

열두 평 슬레이트 집에서
허공으로 내몰리는 당신
괘종이 세 번 울리면
세 개의 바늘은 영시에 멈춘다
당신은 두 시와 세 시 언저리에서
분침이 일직선 되는 시각을 찾아
깡소주를 마신다
천칭에 매달린 깃털처럼 가볍게 몸을 떤다
영혼의 접점이 사라진다
살아서 돌아온 날은 좀체 깨어나지 않는다
길이 끝나는 지점에 분다리꽃 피어있다
가슴 한편에 눈물이 고인다
흰 꽃이 붉은 꽃을 바라보는
지문을 지우는 일은 힘겹다
목소리는 거듭 휘청거린다
죽어가는 길에 문자판을 고정하는
환생한 카르마를 벗어던진다
그리니치 시간보다 빠르게 사라지는
당신은 흑점을 거듭 태운다

붉은 윤곽

가로등과 계단이 있다 슈퍼가 있다
정육점과 포장마차가 있는 골목
빈 박스를 끌고 가는 노파가 있다
자전거를 타고 가는 그의 그림자는
좀체 지워지지 않는다
cctv는 없고
자동차 헤드라이트에 핏빛을 흘린
고양이를 찾아나서는 그가 있다
저녁은 느리게 숨을 몰아쉰다
어쩌다 이런저런 내리막길이다
후미진 틈새를 비집고 고양이는
만취한 거리를 엿보고 있다
확대경으로도 희미한 세상
산동네 지붕에서 먼 강을 내려다본다
나이테는 어설프게 둥글다
어디까지냐고 그는 다시 묻는다
난지도에 핀 팬지꽃 간절한 눈빛이
손가락 사이로 빠져나간다
고양이 눈빛은 조금 더 멀리 있다

당신의 낙서

당신은 지금 원을 그린다
원에서 멀어질수록
세상을 한 바퀴 돌아 나오는
원은 점점 달그림자를 품는다
당신은 달의 높이에 올가미를 씌운다
상현과 하현이 지나가고
당신은 올가미를 잡아당긴다
달의 허리에 묶은
금줄 같은 점 하나에서
이상 더 밀려날 수 없는 당신
흔들림 없는 대제국을 세운다
실성한 듯 그러나 실성하지 않는
당신의 꿈은 또 다른 꿈을 꾼다
어항 속에서 헤엄치는 나비
그것은 당신의 개기일식,
검은 새떼가 날아오른다

면벽 1

얼룩진 벼랑을 바라보는
삼엄한 시간이다
찾을 수 없는 곳을 버리는 시간
생동하는 것과 생성하는 것
거리가 흐를수록 거리를 유지한다
쪽창에 빛이 산란할 뿐 눈은 움직이지 않는다
묵묵히 버티는 것은 흔들리지 않는다
건조해진 몸 안으로 슬픔을 밀어 넣으며
가슴에 스며드는 일은 너에게 가는 일이다
그림자는 소리 나지 않고
하늘에 허공이 뜬다
가장 깊은 곳에서 울려오는 소리
혀는 기억하고 있다
가장 무거운 다리를 달고
오체 투신하는
들판은 돌비늘에 화석을 새긴다
손등에 난 상처 어루만지며
믿을 수 없는 거리는 안부조차 묻지 못한다
기다림은 서럽다
다시 내일을 늘려 너를 보낸다

면벽 2

절벽이 어지럽게 금이 간다
나비 한 마리 날아든
절벽 틈새로 얼룩이 진다
얼룩은 벽을 타고 오른다
벽은 내 눈을 감기고
반야의 길로 든다
장단고저 손장단에 헛소리를 친다
바람 사이로 햇살이 어린다
끊어졌다 이어지는 빛
칠흑 같은 어둠이 뒤따라온다
점멸하는 진언은 동심원을 그린다
희미한 흔적을 남기며 벽에 머문다
절망을 위로할 수 없는 마음은 안으로 삭이고
세상을 관조하는 엄숙한
고독은 욕망을 버리지 않는다

면벽 3

여자는 얼굴을 가린다
손가락 사이로 까만 동공이 반짝인다
가까스로 보이는 세상 얽혀있다
가려진 형상은 망각이다
가린 의식을 엿본다
검은 임페리얼리스트 은폐하고 싶다
분할된 틀 속에 박혀있는 눈동자
모래밭에 흘리고 간 암호를 수집한다
뒤돌아보지 못하는 판도라 상자
누구의 시선으로 보고 있는가
입을 벌린 채 하얗게 질려있다
오롯이 남아있는
아득한 기억들이 뽀옇게 피어오른다
마음을 가늠할 수 없는 곳
눈을 감으면 허공이 된
낡은 시간이 삭아 내린다

안개에 대하여

마지막 손짓을 삼킨
접신한 바다는 입을 닫는다
보이지 않을 뿐이다
분명, 저 어딘가에 숨어있다
달이 스러지고
겹겹이 사멸되는 하늘
바람결에 귀가 시리다
죽음의 순간 겹쳐진 피안은
삶이 맞닿은 중첩된 슬픔이다
박쥐가 날고 올빼미가 밤을 지킨다
그곳을 찾아 떠난 어부들
바다에 뿌리를 둔 채
서럽게 잠든다
가녀린 무녀의 무명천을 가른다
팽팽하게 부여잡은 너울은
북소리 따라 사라진다
목울대 타고 내리며
감았다 풀어내는 무심
서늘한 눈빛은 고요하다

시간이 익어간다

복음을 전파하는 선교사가 되어 이 세상 어디든지 간다
신들은 절대 마시지 않는 신의 물, 왜 인간에게 마시게 했을까
종교도 이념도 다 소용없다는 것을 신들은 알고 있다
수많은 양 떼들에게 이슬을 마시게 하는 양치기는 풀잎에 입맞춤한다
감히, 신의 물을 마시고 거룩한 신이 된 인간들은 장미전쟁을 한다
금욕을 할 때마다 일어나는 금단현상을 모르는 채, 신에게 복종한다

내 앞에 걸어오는 남자는 가슴에 코카콜라를 매달고 있다
황금비율의 암갈색 병, 빨간색의 문자가 눈에 박힌다
내가 남자를 스쳐 지나가면 남자의 뒷모습이 궁금하다
뒤돌아다본 남자의 등엔 십자가에 못 박힌 예수

의 그림자가 비친다
남자가 걸을 때마다 예수의 팔다리가 흔들린다
성자가 된 남자의 뒷모습에서 예수의 형상이 분리된다
영원히 죽지 않는 정오의 그림자가 되어 추락하지 않는다

남자는 아침마다 티셔츠의 앞과 뒤를 바꿔 입는다
거리에 나서면 많은 사람들이 남자 자신을 쳐다보는 걸 즐긴다
앞뒤가 바뀐 티셔츠처럼 남자의 인생은 타인의 욕망으로 치닫는다

나는 앙크 십자가를 목에 걸고 다닌다
내 인생에서 뭔가를 하고 있다는 것을 속죄하는 것이다
원시가면을 쓴 나는 저주받은 고통의 본질을 애써 외면한다
서늘한 빗방울이 얼굴을 때린다

타클라마칸 여우

골 깊은 광대뼈 사이로 칼바람 일고
부르튼 입술은
낙타가 쓸고 간 길을 더듬는다
내리치는 채찍에 등판을 내어준 수성
너와 하나가 되지 못해 매달려간다
하늘 가까이 와서
산이 보이지 않는다
망막에 깃들였던 것들
붉은 눈물 흘린다
날것들은 씹어서 먹고
깊은 밤은 길을 막는다
핏발선 겨냥,
누구를 향한 총구인가
격발된 뇌관은 터지지 않고
모래 위에 정지된 동작들
다행이라고 되뇐다
엎드려있던 바람은
저 혼자서 일어선다

하울링

꽃송이들은 서둘러
머지않은 귀향을 갈망한다
회오리바람을 기다려야 한다
그림자를 따라가는 당신의 등에서
오랫동안 숨죽인 안개꽃이 핀다
알 수 없는 그림자는
빛의 흐름에 몸을 맡긴다
세모 같고 네모 같은 목청을 세운
미처 삭지 못한 당신의 눈빛
어둠 끝에서 아릿하게 사라진다
열린 새장 밖에서 가변차선을 달리는
달은 언제나 적막한 울음을 운다
하얗게 각인된 터널은
또 다른 목에 걸린 달의 울음이다
가상의 접점에서 거듭 떠오르는
만다라
뿌리 깊은 예언을 어루만진다
줄 선 행성이 만나는 길은
침묵으로 길든 허공이 지나가는
은빛 달빛이 부딪치고 있다

골목풍경

지나가는 새벽 2시를 따라
어디서 창문 깨지는 소리가 있다
절망을 찌르는 비명소리가 덩달아 깨진다
어둠이 소리를 꺾는다
아무 대책도 없는 여명
바늘 끝 같은 침묵을 콕콕 찌른다
흐트러진 파편 같은
골목 어귀에 빨간 불이 켜진다
푸른 수염이 자라는 골목
바람은 함부로 불지 않는다
다시 밤이 오고 문이 좌우로 흔들린다
유전적 계보를 찾는 초록별
분열과 융합을 획책한다
아무도 슬퍼하지 않는 작별은 끝나고
새벽 2시는 다시 캄캄해진다

키클롭스에 가서

태풍의 눈 하나가
가장 고요한 순간을 지워버렸다
번개와 천둥에 놀란 장미
납작 엎드린 바다의 눈은
죽음의 사자처럼 너울거렸다
하얀 물보라 이는 파도
홀연히 나타난 관세음보살
감로수 한 방울 떨어뜨렸다
두 눈 부릅뜬 바다
잠잠해지고
날아가는 공작나비는
날개를 접었다 펼 때마다
눈을 떴다
일심으로 정성을 다하는
그 손길 하나하나에 눈이 달렸다
줄무늬 티셔츠에 박힌
호모사피엔스, 달콤한 오후였다
카메라 렌즈에 잡히는
허상은 어지러운 탑이 되었다
벼락 맞은 하나의 눈
슴새의 둥지에 핏빛으로 퍼졌다

판타지아

새들은 새들의 길을 간다
넘어져 있는 것들을 다시 세우고
새로이 꺾이고 이어진다
어두운 복도를 따라 자동문이 사라진다
낮달을 먹어치운 꽃
눈길조차 주지 않는 꽃
우듬지부터 말라가는 고목은
천성을 버리지 않는다
단조에서 장조로 변하는 변주는
기록을 남기지 않고 밖으로 향하는
음표는 손가락의 연장선에 있다

심박동 센서가 달린 가슴,
비늘이 박힌 기억은 발작을 일으키고
그의 얼굴 위로 지나간다
방안 가득 채우는 그대 숨소리,
화상을 입은 목을 감는다
조각난 시간들은 손을 감고
낯선 경계에서 숨을 거둔다
거품에서 태어난 슬픈 물방울

질려버린 칼날에 곧 사라질 동안,
곡조를 타는 바람소리는
한낮의 비틀거리는 한밤을 지새운다
불시착한 달빛에 분칠하는 얼굴에는
장미 한 송이 피어오르고
원생대에 없던 것들이 이마를 새긴다

참을 수 없는 분노가 터지면
싸늘하게 돋아나는 맨드라미는
꽃잎에 바람이 든다
복제된 장미는 꽃술에 파열음이 인다

그것은 그림자가 아니다

좌표 없는 그늘을 찾아간
위험한 사람이 한방에 있다
만지면 넋 나간 얼굴이 된
그것은 더 이상 발설하지 않는다
생략된 행간의 단서를 찾는다
감추는 것만큼 발설은 더 뚜렷해지고
물구나무를 선
하나가 쓰러지고 나머지는 버틴다
아무래도 좋다
중심에서 멀어질 것을 예견하는
망상은 거듭 예민해진다
복제된 원형으로 수많은 신화의 허를 찌른다
모든 언어는 길 위에서 암시를 찾는다
잠행할 길은 어디에도 없고
도달할 수도 없는 것은 끔찍하다
비틀거리는 문장들은
아픔을 모른 채 잠행 중이다
아무 일도 일어나지 않는
구획된 경계 밖에서 너를 기다린다
삶은 의식의 경계 안에 있다

논리는 결코 중요하지 않고
지향하는 손가락 끝에
콜럼버스의 달걀 하나 서 있다

부표

경계 너머
누가 근원을 흔든다
위안을 줄 수 있는
비극, 소멸되기를 빌면서
수렴되는
세상과 멀리 떨어져 혼자가 된
유유히 머무는 순간을
감지하는 것
바람에 찢기는 외로움에
복받치는 눈물이 뜨거운
단절된 시간
불행은 어디서 오고 가는가
혼란은 날마다
흔들리다 평온해진다
고독은 사랑에 빠지는 길목
견고한 생각은
불길한 선택이 아닌
갈매기의 아릿한 울음소리다

동류

낯실다는 것은 촉수를 세우며
불편한 침묵 속에서 호기심을 품는다
수많은 낱말은 독백을 남긴다
차디찬 머리는 뜨거운 가슴을 젖히고
눈먼 사랑은 고독 속에 있다
변질되는 순결은 어둠을 밀며
그대 관능으로부터 치명적인 가시가 자란다
날름대는 혀는 비명을 지르고
손가락 끝에 맺힌 핏방울을 마신다
욕망이 죄가 되고 루시퍼는 빛을 잃는다
검은 달이 뜨면 울부짖던 들개는
서쪽 하늘에 붉게 물든 기억을 삼키고
근원을 부정하는 별 하나 허공으로 분리된다
생이 끝난 어두운 왜성,
신탁을 받은 자는 일찍 사라진다

제2부

나 어떻게

정지된 적막 틈새
깊이 숨은 공포가 밀려온다
온몸에서 희열이 빠져나가고
밀폐용기에 갇힌 실험용 쥐처럼
출구를 찾아 허우적거린다
눈가에 짙은 고독이라는 아우라
숨은 엄포들이 무섭게 눈을 뜬다
함몰된 절망을 벗어나야 한다
신음소리가 된 목소리
꿈은 먼 지평으로 날아오른다
가라앉은 침묵이 수상한 칼을 간다
어제 공구점에서 산
날카로움은 거푸 하얀 날을 세운다
스산한 등골에 자라는 바람소리
응고된 슬픔처럼 파랗게 얼어있다
두려움이 자라는 시점에서
목마른 갈망이 꺽꺽 혀를 찬다
머리를 쓸어 올리며 소용돌이치듯
요란한 비상벨이 길게 울린다

우울한 블루

습한 바람이 지나간다
열대우림의 낮은 목소리 같은
잠복해 있던 자폐증이 새어 나온다
새가 된 바람은 나선을 틀며 하늘에 오른다
잔잔한 그대 속눈썹
푸른 입술은 닫힌 듯 굳어 있다
무뎌진 감각은 때론 날카롭다
황홀한 아픔을 뚫고 나오는 애증
어둠은 하필 끈끈한 지옥이다
밟고 밟혀도 구김살 없는 달빛
한 잔 에스프레소를 뽑는다
우울한 블루를 마신다
주름진 콧등을 손가락으로 만진다
몽상은 일부변경선을 통과 중이다
때론 혓바닥에 피어싱을 한다
필름을 거꾸로 돌린
애증으로 탄 지난날이 목마르다
손톱을 깎는다
미처 모르는 그림자를 만지작거린다

목신의 오후

나의 일상은 휴식이다
창백한 얼굴을 꿰고 있는
오래된 거울은 반점투성이다
외면할수록 나의 귀는 붉어진다
0시와 1시 사이 소년은 별이 되어
일곱 번째 여행을 떠난다
나는 웃지 않는다
얽힌 전선줄 사이 햇빛이 숨어 있다
벽에 기댄 채 몸을 밀착시킨다
시간이 모호할수록 나는 해체된다
약속은 프리즘을 빠져나간다
명치끝이 아린 어제오늘은
모르는 역광 속으로 사라지고
늪을 허우적거리는 본능이 있다
암각화에서 태양이 빠져나오고
목신의 오후가 기지개를 켠다

열일곱 한때

단발머리를 자른다
가위질에 잘려나간 열일곱 살
설익은 고요가 바닥에 깔린다
낯선 몸짓을 하다 들킨 희열
반짝이는 눈동자에 귀고리가 걸린다
뭉개진 빨간 입술은 아득하다
견딜 수 없는 공포를 지우며
하강하는 환희의 첫걸음을 맛본다
깊은 어둠 속에 다듬어진 나신
닿을 수 없는 기억의 추억이 된다
정지된 아릿함은 황홀하다
검은 커튼을 치고 얇은 피멍을 걷어낸다
바닥에 깔린 진통을 본다
불에 타버린 고독은
통과할 수 없는 경계의 문을 잠그고
귓불 빨간 가슴을 난도질한다
아니마와 아니무스
천천히 타들어가는 눈 속에 비친
뮤즈의 손에 끌리는 묘한
매력을 지긋이 본다
나는 머리를 자르지 않는다

양귀비꽃이 있는 풍경

무도회에 초대받지 못한
몽상은 아득하다
페인트칠이 벗겨진 철문 앞에
되살아난 장미꽃 넝쿨이 들끓는다
식별할 수 없는 부족들이 지나간 자리
마초맨의 성지순례는 시작된다
잠든 노숙자의 얼굴을 고양이가 핥고 간다
여자는 맨발인 채 지껄인다
카페에 앉아 커피를 마시는 동안
창 너머 먼 섬을 본다
까만 창틀에 걸린 하루가 나를 불러세운다
그대 뒷모습은 사라져가고
환풍기는 돌아가다 멈춘다
헝클어진 어둠 속에서
로드킬 당하는 고양이 위에 바람이 쏟아진다
헤어날 길 없는 절망에 입을 다문
모의주행이 필요한 도로
고양이가 사라진 언덕길 너머
섬은 제 혼자 아득하게 떠 있다

해바라기

노란 날개를 펼쳐든
날개 속에 알알이 다독인 꿈으로
물구나무 선
겨울 어스름에 깊은 너
붉은 서쪽은 아득한 전설이다
별들이 눈뜨는 밤
맨몸으로 추위와 맞서는 너
북받치는 서러움에 가라앉는다
한겨울 바람을 살아야 한다
동쪽으로 고개 숙인 침묵 사이
봄은 검은 허공에서 새어 나온다
햇살이 피고 강물이 풀리는 동안
햇살에 화석이 된 너
말라버린 빈 몸으로
소리 없는 포효처럼 하늘을 우러른다
홀로 남은 피에로의 비애
초점을 잃은 이목구비
그리움에 시든 형벌을 건너간다

겟세마네의 가을

너는 죽어가며 희열을 느낀다
원망은 세상 모든 여자에게 전이된다
너는 나르시즘에 빠져 잔인해진다
제 무덤을 파는 끊임없는 증오를 즐긴다
빈집에 불을 놓는
너의 음모는 활활 타는 불꽃이다
자신을 받아준다는 믿음
너는 사디스트가 되어 과부거미를 기른다
인형을 해체하는 너의
어두운 욕망은 은밀한 미소를 띤다
죽음이 아름답다고
너는 악마의 숭배자가 된다
부활을 꿈꾸는 몽상가
너는 허공을 우러러본다
비둘기를 기다리는 너의 위선
올리브나무에 별을 매단다

blue ice

손목시계를 들여다본다
아지랑이 속에서 걸어 나오는 빨간 구두와
초록 귀걸이를 단 목덜미를 본다
쉴 새 없이 재채기를 거듭하는
역광에 비춰진 얼굴은 침묵이다
온몸이 달아오르는 꽃무늬
긴 밤을 견디려면 어둠이 필요하다
새는 어디서든지 둥지를 튼다
솜사탕 같은 밤이 운다
꽃잎은 바람을 베고 귀를 기울인다
그대 곁을 지나가는 하늬바람
근거 없는 바람이 아직도 분다
몸을 터는 강아지는
생크림 묻은 발가락을 핥는다

라벤더 소묘

누가 벽을 긁는다
소리를 찾아 복도에 선다
빛이 새는 유리창 손잡이를 잡는다
라벤더 향기에 뜬
유리창이 환하다
중심을 잃은 마네킹들은
향기를 지나 내 몸속으로 파고든다
발톱 빠진 독수리
고양이가 한 마리, 지금 막
밧줄에 몸을 기대고 있다
끈이 풀린 신발을 끌고
유리 창문에 기댄다
분홍색 꽃무늬 신발이 둥둥 떠다닌다
안개가 서린 내 눈에
라벤더 향기는 또 자란다
자정이 되어 향기는 풀리고
유리 창문 너머로 별 하나
어제도 나는 그 별을 보았다

손금

눈 그늘이 짙어지면
투명하게 숨어있던 빛살이 돌아온다
어둠은 자취를 감추고
정해진 경계를 넘어올 수 없는 퇴적된 허공
시나브로 몰려드는 황금빛이 스멀거린다
관성인 하루는 늪이 되고
미행당하는 그림자는 숨을 곳이 없다
변함이 없는 타인의 좌표에 금을 긋고
나는 삶의 축을 거슬러 올라간다
과거와 미래의 어디에나 있는
생각했던 것들이 오늘에 이르고
내일로 향하는 사건은 얼굴을 가린 채 기다린다
고양이들은 밀회를 즐기고
뜨거워지는 하늘은 하얗게 질린다
바다에 빠진 백양나무도 하얗게 누워있다
궤도를 이탈한 행성은
대기 불안정한 지구로 떨어지고
햇살에 끌려오는 자작나무
수면의 잔상을 거둬내며 두 손을 활짝 편다
분할된 광속은 눈을 베인 시점에서
바람벽에 서서 눈을 감는다

어느 흐린 날

그냥 그런 백수들은
탈피할 수 없다는 것을 짐작한다

커피 주전자 전원을 켠다
물이 끓을 때 수장된 각질들은
젊잖게 살아온 슬픔으로 떠돈다

열어놓고 살던 귀를 닫는다
달의 빗금을 폐선으로 잇는 하루살이는
창문에 부딪혀 쓰러진다

줄 세운 술병, 눈알 흐릿하다
웃자란 흰 머리카락 다 빠지고
등 돌린 세상은 야위어간다

마을은 오랫동안 조용하다
멈춰있는 시간이 빠져나간
골목 좁은 길이 비어있다

당신의 부재

창백한 벽을 본다
눈먼 시간을 여기저기 뿌린다
박제된 당신은 미완의 그림이다
무언의 그림자와 노는 당신의
과거는 현재가 되어
마음껏 자유롭게 망가진다
오래된 침묵을 지키는
한 평 남짓한 당신의 고독
서려 있던 해탈이 사라진다
슬픔을 거부하고 다가서는
검은 신들이 지나간다
인간들은 쉽게 떠나고
흉한 안면은 어느새 눈이 먼다
주저할 수 있는 혼돈이다
멀어질수록 선명하게 떠오르는
당신의 신앙
황금빛 세상이다
잠들지 못하는 부풀어 오른 관능
세상 저쪽에서 기다린다
어둠에 기댄 채 어둠을 응시하는

눈 밝은 순간에도 오색 무지개는 없다
목맨 지성은 장례를 치르고
모든 의문은 의문 속에 있다
막다른 골목길의 새벽은
사색을 가늠할 수 없는 크기로
어둠 쪽에서 더 깊은 어둠을 살핀다
무의식은 포위당하고 당신은 무표정으로
떼어놓을 수 없는 시선에 꽂힌다
지상의 새벽을 숨 가쁘게 달려온
당신은 향 깊은 글라디우스다

사르가소 해

깊이도 알 수 없는
시간 속에서 저무는 물풀이
매순간 지고 있다 너를 잃어버린
허공 너머로 눈이 멀어지고
끝없는 물살이 반질거리는 수면
눈이 시리다

까만 눈동자 가득 고이는
해안을 떠도는 적멸은
공허한 실루엣으로 떠오른다
소나기처럼 내리다 흰 포말로 스러지는
십자가 없는 밤이 깊다
일부변경선을 지나서
고정된 망막에 별이 뜬다

라면을 끓이며

컵라면 뚜껑을 뜯는 동안
물이 끓는다
가슴을 덥히는 쾌감이 그렇다
떠돌이들의 허기 또한 끓어오른다
거리의 모퉁이에서
주체하지 못하는 허기
어두운 세상을 잡고 뜯는다
면발의 부피만큼 가느다란 적막
부적처럼 나부낀다
너에게 가는 길이 멀다
어지러운 발걸음으로
장렬하게 퇴화하는 소용돌이
거친 숨을 몰아쉬는
라면 면발은 아직 질기다

다섯 개의 문

1부터 10까지 더하여 55가 맞으면
계산기와 주판알은 손가락을 복사하고
2 4 8 16 32 64 128 256 512 1024가 틀리면
일풍향은 2바이트 자장면 면발을 수타한다
돌판을 두드리던 호모에렉투스는
슈퍼 울트라 스마트폰에서 튀어나온다

1+1=2가 아니면, 일주문 안으로
기관차가 들어가고
2-1=1이면, 사천왕문을 통과하는 동안
브레이크가 말을 듣지 않는다
홀로그램 속에 머리를 넣고 흔들자
탈선한 시간은 공간 속으로 휘어진다

토마토가 햇살이면 처음으로 가서
너 말고 네 친구를 사랑한다고 말하고
바나나가 어둠이 아니라며 문을 열고 나가
아비가 누구냐며 딸기는 하늘을 노려본다
무수한 아류 속에 묻혀버린 진실과
거꾸로 보이는 세상은 가짜가 아니다

하나를 떼어내도 그림이 되는 환각
꿈꾸는 분절은 불완전해서 아름답다

꼬리 접기

내가 아니요 라고 말할 때
그대는 네 라고 한다
이리 갈까요 하면서 돌아서면
저리 갈래요 한다
내가 이것 돌 맞지 라고 물으면
그대 아니요 그건 추억이에요 라고 대답한다
저것 컵 그건 절망
이건 슬픔 그건 꽃다발로 어긋나는 그대

왼쪽 남자와 오른쪽 여자가 웃을 때
나는 그 웃음에 소금을 친다
맨발로 걷는 여자,
벌어진 구두를 보며 팝콘처럼 터지는 웃음들
나는 메스껍게 웃는다

사과나무 한 그루 자라고
빨갛게 매달린 원죄 하나 떨어진다
원죄에 새겨진 물결무늬의 물결은 욕조에서 온다
오늘 나를 위로하기 위해서 화장을 지우며
눈물이 왜 뜨거운지 알게 된다
이것이 꼬리 접는 마지막 숙명이다

제3부

모노드라마

아득한 침묵 속에서
휘어진 길을 곧게 달린다
언제나 불행한 생의 기쁜 말
미동하는 입술을 깨우고
천길 내려앉는 땅의
우아한 빗장을 헐어낸다
너의 무언은
백색 구름 속에서 붉게 탄다
내 안에 가득 솟아나오는
차고 뜨거운 말은
소리를 내뱉지 못한다
다만, 눈빛으로
활활 타오르면서
육중한 몸짓으로 절규한다
열정적인 내 함성은
하늘을 찌르는
나무들의 오만을 잠재운다
끝없이 날아오르는
새들의 소망을 부추긴다
그대를 덮친다

추억노트

비닐우산이 허리를 꺾고
여덟 개의 우산살은 흐느적거렸다
천하대장군, 지하여장군도 비를 맞고
헛것이 된 관절이 휘어졌다
손잡이도 달아나 버린 속수무책
아버지는 망가진 우산이었다
가로수는 움을 틔우려 숨을 쉬고
밀려오는 슬픔도 숨을 쉬었다
날아가 버린 아버지의 담배 연기
우산과 함께 아득하게 사라졌다
구멍 난 하늘 아래 어쩔 수 없는
아버지의 수염은 언제나 허전했다
하늘에 근거지를 두고 내리는 비는
아버지의 부르튼 발을 적셨다
절름발이 뼈대를 드러낸
햇볕에 서 있는 망가진 쓸쓸함
해당화가 피는 듯 지고 있었다
막다른 길에서 돌아오지 못한 아버지
마당을 쓸고 간 돌개바람이었다

욕망에 대하여 1

남자와 여자는 서로
하나의 점에서 또 다른 점으로
하나의 원에서 또 다른 원으로 건너뛴다
알코올에 찌든
애정행각의 봉인을 뜯는다
하나 될 수 없는 거리에서
남자는 희망을 말한다
적의에 가득한 시선으로
신문 헤드라인에 머리를 처박는다
비탈에 매달려있는
상수리나무들의 뿌리가 흔들린다
기억 속으로 밀어 넣는
누구도 알 수 없는 원둘레의
강렬한 의문은 이유를 묻지 않는다
다만, 점선 안에서
비장하게 사라진 봉인을 뜯는다

욕망에 대하여 2

비어있는 얼굴에 눈이 없다
입술을 빈정거릴 때마다
점액질 눈물은 묽은 덩어리다

뒤돌아보지 않고
발을 떼어낼 때마다
바람살이 수직으로 흔들린다

우연한 시선 하나 가로질러간다
맹점 뒤에 숨은 동공은
조울증 같은 둔부에 흔들린다

텅 빈 눈 가장자리 따라
고독으로 주저앉는 어둠은 질기다

송곳니 드러낸 박쥐가
긴 목덜미를 할퀴는 동안
태양은 창백한 눈시울을 적신다

새벽 배회

상처가 깊을수록
도톰한 입술은 더 아름답다
금지된 비행선 아래 새겨진 숙명은
하얀 날개를 잃는다
대칭구조로 풍만한 가슴선이
선명하게 어리고,
입꼬리에 잡힌 주름은
가늘게 비틀거린다
알람시계가 울린다
노을은 이 세상을 등지는 동안
쓰러진 모래시계는 일어선다
새벽은 희미하게
얼굴을 드러내며 트여온다
죽어서도 살아남는 것이 무엇일까
이제 막 마감시간을 넘기며
나는 화두를 던진다

흑백시간

낡은 기억은 어김없이 흑백이다
내게로 오기 전에 너는
그 시절의 배경을 즐기는
그림자, 다시 만날 수 없는
슬픔은 아픔을, 아픔은 슬픔을
마른 눈물자국은 방금 자정을 지나간다
너의 모습이 사라지는 순간
순백은 LED광선 속으로 숨는다

경계는 빠르게 이동하고
서로에게 무관하던 시간을 복사한다
바닷속으로 잠긴 추억 한때
앙상한 팔로 힘겹게 몸을 지탱한다
오로라를 보며 나는
또 다른 나를 점찍는다

얼어있는 신발을 신고
어디 먼 곳으로 지망없는,

그대의 시선

눈은 턱을 따라가지 않는다
어금니와 송곳니 사이
사랑 하나 잠적한다
부정과 긍정 사이
가슴 아래로 지나가는 바람이 있다

목을 빼고 기다리는 그대
손을 높이 쳐들고
눈을 깜박거린다
고해실에서 만난 긴 혀는
아홉 개의 혈을 뚫고 간다

팔짱을 끼고 맞선
비대칭은 늘 지배하려 한다
단순한 것만큼 복잡한 세상은
입술을 둥글게 모아 풍선을 분다
숨어있던 말들은 기회를 엿본다
광대뼈를 가리는 두 손가락 사이로
일곱 개의 눈알이 지나간다

어떤 귀가

눈동자가 찍힌 나무들은
내 안에 없는 나를 끌어 들인다
바람으로 떠돌던 가난한 이마
밤마다 가슴팍에 빨간 십자가를 꽂는다
밀려오는 여명을 쓸어내는 환영은
어둠의 속살을 파고든다
바람은 방향을 접고
태양이 익어갈 때쯤 나는 거기 서 있다
동공 속으로 사라지는
하늘 어디쯤에서
세상은 차츰 신비스러운 빛을 기울인다
눈꽃이 흩날리는 계절 앞에서
나의 청춘은 다만 너의 것이다
원점으로 되돌아갈 수 없는 부빙은
겨울의 빙점에 등을 기댄다
성체를 삼켜버린 나는 떨고 있다
아늑한 계시가 들리고
십자가로 누워있는 저 깊숙한 불꽃
하늘로 다시 돌아간다
이제 집으로 가서 나는 빈손 턴다

별에 도착한 나를
카시오피아는 알고 있다

검은 선글라스

운전석 뒤에 앉아 춘천 간다
시야가 환한 가을 경치
하늘에 몸을 숨기고 싶다
스마트폰의 리시버를 귀에 꽂는다
귀하게 생각했던 것들이 사라져가고
잊혔던 이름들을 생각한다
가을은 하늘의 속살을 가른다
초등학교 짝꿍 인철이
나의 생각은 대성리에 잠겨있다
차원이 다른 세계가 얼굴 위로 지나간다
산은 강을 품고 나는 거푸
뒷자리의 그가 궁금해진다
산은 미끄러지듯 흘러가고
강은 뒷자리의 그에게로 흘러간다
가평 외할머니 집을 지나간다
나무들은 곧은 자세로 서 있다
나의 시선은 뒤편에 있다
수몰된 의암호에 있다
김유정문학비는
물살에 걸린 데칼코마니 같다

사내의 눈이 왠지 궁금한
버스는 춘천 터미널에 도착한다
검은 선글라스로 위장한
눈빛이 멀어져간다

적도

마파람은
평행선에서 머문다

물비늘 반짝이는
날치 떼 날아오른다
햇살에 시린 눈

지우거나 또는 출렁이는
유예의 시간을 방황한다
누설되는 침묵은
뜨겁게 탄다

높이 나는 새는
숨겨진 하늘을 본다

놀빛 한때

창밖의 시간을 풀어주면
동시에 뛰어넘을 수 없다
우두커니 돌아앉은 수평선
푸른 울타리에 등을 기대고 있다
별을 기다리는 동안
넘친 바닷물은 까치놀을 삼킨다
영혼이 먼저 죽어간다고 말은 하지만
목에 건 십자가는 아직 뜨겁다
속살을 들어내는 겨울나무의
해피엔딩은 경계가 없다
붉은 빛으로 응징하는 바다
분열하는 노을을 잠재운다
로이드 안경테 넘어
삭제되지 않는 세상이 떠오른다
비수를 숨긴 황홀한 입맞춤
꿈이 아닌 것은 마돈나가 아니다
만화경에서 뜨는 초록별
놀빛에 젖은 눈을 뜬다

벽돌 열두 장

물이 끓는 동안
봉지를 뜯고 스프봉지는 물어뜯는다
당신은 벽돌 열두 장을 옮긴다
손바닥이 빨간 장갑은
나무젓가락을 쪼갠다
당신은 벽돌 두 장을 깔고 앉는다
불어터진 라면 발을 감아올린다
내일은 또 다른 공사장으로 간다
경사 30도,
폭 50cm의 작업발판을 내리찍는
벽돌 열두 장
어깨의 굳은살은 벽돌보다 단단하다
계산을 치르지 않는
벽돌 한 장에 20원
20원을 등판에 차곡차곡 쌓아올린다
공중부양한다
왼쪽 엄지발톱이 살을 파고든다
블루스타 부탄가스는 꺼진 지 오래다

종량제

상황종료는 간단하게
문자로 온다
얼굴을 마주치지 않아서 좋다
자신도 모르는 사이
쓸 수 없는 것은 분리대상이 된다
10년차 연봉을 깎아준다 해도,
성과급으로 살았던 능력은 소진되고
사물함에 남은 건 명함뿐이다
목적지가 없는 한때
상사로 모셨던 택시기사
푸른 하늘 아래 미터기를 접는다
분리되지 않은 구조조정은 수거하지 않는다
용도 폐기된 충성도
저버렸던 의리
눈물
분노
중량 초과를 쑤셔 넣는다

동행

천장 구석에 터를 잡은 거미
날아드는 나방을 노리는
눈빛이 서늘하다

하루살이도 사라지고
마른 다리로 버티는 거미

배추쌈 잎에 노을이 잠길 무렵
먹이를 찾는 거미
더 짙은 그물을 가로세로 친다

베란다를 열면 가벼운 거미
구름 위에 있다
30층 아파트의 급한 바람결에
웅크리고 있다

수상한 이별

빛이 타오르는
거울 속의 인간들을 응시한다
불화살을 쏘아대며
다시 만나지 않으려는 사내의
옷자락을 끌어당긴다
의미를 잃고 허공에 둔 눈동자는
사랑이 끝나는 순간과
버림받는 순간을 덧칠한다
고통은 슬픔 속으로 빨려들고
나는 거울 밖의 너를 바라본다
매달리는 아픔을 달관한
무표정한 얼굴이다
이별의 종점에서 뜨겁던 애증의 무게
물거품을 토해낸다
안면이 이지러지는 저 깊은
비열을 생각한다

돈표성냥

심장 가까운 곳이 뜨거웠다

오백오십 개의 성냥 알
불쏘시개, 꼬부라진 허리였다

빗쟁이 빚 독촉에,
담뱃불 성냥 한 개비 그었다

라면 끓이려 성냥불 붙이면
흐릿한 그을음 남았다

돈표성냥 백중 제사상에 올리고
모두 일배했다

위인전에 나오지 않는 초상,
할아버지

산다는 것은 항상 불꽃이었다

제4부

낙하하는 소리

속살을 드러내는 슬픔은
물결 위에 부유하는 별빛
속삭임으로 온다
백야는 어둠을 거슬러 온다
비밀의 문 앞에 선 산지기
졸린 눈을 치켜뜨고 세상을 본다
저녁을 등지고 있는 그림자
잠긴 반추의 계절은 봄을 녹인다
시린 눈을 삼킨 바다가
지나가는 바람을 회유한다
정오의 햇살이 침묵을 잠식한다
고래 등이 뿜어내는 물줄기는
허공에서 맴돌고
산다는 것은
물관을 끌어올리는 순정이다
생의 긴 여정을 밀어낸
삶의 갈림길에서 나는 간다

어둠의 빛

주술은 새벽까지 이어진다
잠든 얼굴 위로 흘러내리는 입술
이 길의 끝에서 설산을 만날 수 있을까
낮과 밤이 분리되지 않는 아득한 추락
날카로운 발톱에 두 눈을 내준다
도무지 달아날 수 없는
그림자는 꽃으로 피어난다
풀리는 눈꺼풀 사이로 드러나는 그림자
고도 300미터에서 모자이크를 만든다
출몰하는 고독의 잔해가 맴돌면
황량하게 젖어드는 목소리
침묵에 매달린 채 끌려간다
언덕을 넘어온
전설은 구릉지에 묻힌다
설경 속에서 깨어나지 못한
가난한 좌표가 무성해진다
유창한 언어와 밤을 위한 반전이 눈뜬다
두껍게 화장을 한 불꽃은 웃지 않는다
격렬하게 한 번 더 바람을 쓸어 담는 동안
텅 빈 가슴 너머 흰 눈이 내린다
눈에 보이지 않은 날개를 편다

속초행

숲은 귀가 아리다
바다는 생의 끝에서
돌아갈 날을 생각한다
숙주의 고뇌는
나무에 발톱을 박는 일이다
신령한 나무는
수액이 젖은 생의 애착에 머문다
기상은 장마를 예고하고
계곡을 타고 내리는 물길의 위협
온갖 소리는 살아가는 기억으로 잠든다
하얀 날개를 펴지 못하고 요절한 햇살은
긴 영겁을 환청으로 듣는다
다시 태어나는 한낮은
숨죽인 적막을 채찍질한다
바람으로 채워진 침묵
아득히 바다에 떠 있다

착신해제

비에 젖은 문자가 도착한다
버드나무 숲에서 사라진 붉은 바람
황량한 사막을 지나 초원을 지나
어둠은 자작나무에 소망을 걸어둔다
길에서 또 다른 길을 만난다
언제 돌아올지 모르는 시간 속에서
검은 까마귀는 검은 발자국을 찍는다
때 지난 태양은 숨이 지고
또 다른 밤이 고개를 치켜든다
길게 늘어진 너의 텔레파시는
정체된 시간을 꾸물거린다
시간 속으로 숨어드는 시간
이읏고 접선하는
바이칼 호수에 두 개의 별이 뜬다
문자를 날려 보낸다

묵상

때로
허기에 지치고

때로
포만감으로 시든

나의 웃니
나의 아랫니

밤새 안녕하시고
아침 식사는 드셨는지

사족이 된 허명, 뒤집어쓴
까마귀

후박나무 가지 끝에 와서
울고 있다

피안행

우담바라가 핀다
다음 기착지까지는 비포장도로
처연한 오욕을 버리고
마구 소용돌이치는 것들이
내 머리를 스치고 지나간다
색즉시공 공즉시색
터널을 지난 갓길은 막막하다
곪으면 터지는 세상
길은 멀고, 더는 버틸 수 없는
승용차는 급제동을 한다
부지불식간
절박한 고독을 쏟아낸다
비우는 것은 비운대로 넉넉하다
버려야 다시 채울 수 있는 허기
이두박근의 힘을 빼는
몸은 가파른 몸을 기댄다

접속

삼지창을 든 흑마장군과
작두 타는 박수무당은 눈이 벌겋다
칼날 위에 서 있는 발바닥은
땡추 맛이다
매운 목숨을 받아들고 접신의 경계를 타는
천지만물의 선문답이다
뜰 앞 잣나무는 키가 훌쩍 자랐다
공수를 하는 박수무당에게 박수친다
천기누설로 좌충우돌하지 않기를 바라며
땅보다 하늘의 뜻을 더 알고 싶은 나는
하나로 연결될 수 없는 환상을 찾는다
아홉 개의 꼭짓점을 지키고 있는 유니콘
시계바늘에 매달린 찰리 채플린의 모던타임,
무성영화는 고장났다
원인은 무모하다
내 몸의 핏줄은 지상과 맞닿아있고
피뢰침이 없는 종탑 끝에서
시간은 때로 불꽃이 된다

종終

고목나무 같은
사내를 심폐 소생하는 의사

안정을 찾던 심박수가 불안하게 내려가고
다시 전기충격기로 사내의 가슴이 지져진다

월직사자는 가벼운 웃음을 흘리고
사내의 발을 허공으로 뒤집는다
들뜬 시간이 멈춰 선다
붉은 비단에 싸인 여명이 속죄하듯 사라진다

강림차사는 가다가 서고
가다가 머뭇거리고 또 뒤돌아본다

화사한 향기가 스며들고 이른 새벽빛이 소란스럽다
뼈가 살을 뚫고
사내는 의심 없이 피안에 서 있다

망자의 얼굴이 된 노을빛

하얗게 살갗을 벗기고 있는 자작나무들이 뒤로 물러선다

춤추는 나비

제비나비를 포망한다
더듬이를 눌러 기절시키고
삼각 종이에 싸서 채집통에 넣는다
사십 와트 백열등 아래
나비 등에 수직으로 핀을 꽂는다
단숨에 끊어지지 않는 숨결
날개를 접지 않는다
팔뚝에 돋는 소름이 뭉클하다

팔월 땡볕에 달구어진 운동장을 지나
표본실로 간다
누렇게 바랜 감각이 촉을 세운다
손가락 사이로 노란 체액이 흘러내린
그날 이후
나비는 박제되었다
나는 나비를 가까이 하지 않는다

이천년 여름 밤
서울 삼성동 암센터
나호접 나비 한살이

달밤

젊은 남자가 달린다
뒤이어 뛰어오는 젊은 여자
신발을 들고 있다

여자와 남자

잡을 듯
잡힐 듯
골라인으로 뛰어간다

바람 난 달밤은
꽃마을로 스며들고

어디선가 개가 짖는다

딱새

딱새는 빈 편지함에 터를 잡는다
천적과 사람들 손에서 보호받는다
습기 찬 둥지에 마른 잎이 그리운 장마
비가 그치고 집배원이 방문한다
고지서를 우체통에 넣는다
먹이를 구해온 어미 딱새
제 몸보다 커다간 세금고지서를 찍어댄다
딱새는 꽁지를 딱딱거린다
세속을 떠나 조용히 살아보려는 욕망
어쩌다 나는 딱새가 된다

말할 수 없는

위험한 석막이다
레퀴엠 너머에 있는 황홀
더러는 물들어가고
더러는 저물어간다
황혼과 어둠은 수평으로 떨어진다
밤하늘의 풍경들이 머뭇거린다
삼월에 내리는 폭설은 계절을 앓고
동면하는 겨울은 파르르 몸을 떤다
낯설지 않게 초벌 그림을 그린다
박혀있는 초상은 애처롭다
종려나무 위에 지층을 쌓는 일은
격렬한 떨림으로 깊은 침묵을 관통한다

그 호수

물속의 나무들이 머리를 내민다
빛을 따라 몸은 분할선 부근에 떠 있다
너와 나는 둘이 아니다
내면에 살고 있던 나의 심호흡은
어느새 너의 길이 된다
호수에 잠들어 있던 구름은
동쪽에서 서쪽으로 천천히 기운다
아라라트에서 물결은 다시
윤회의 시간을 하나 둘 헤아린다
말 없음은 비단 침묵만이 아니다
슬픔을 깊게 새긴
팔다리가 긴 삼나무를 본다
선정의 경계를 넘나드는 어릿광대는
삶을 거슬러 해탈을 꿈꾼다
점점 가라앉는 수면을 감지하는 촉각
숨소리 깊은 똬리를 튼다
황홀한 지상에의 꿈을 깁는다

벽화

나무에 새긴 아날로그가
지워지고 있다
하나가 아닌 둘이다
복화술 음성이 흔들린다
바람이 불고 나는
창밖을 우두커니 보고 있다
어디선가 하얀 거품이 인다
수돗물 소리를 뒤로
흰 가운을 입은 남자는 낯설다
손톱이 자라는 사춘기
환희와 분노 사이에서
눈빛이 예리한 흰 가운
티셔츠에 박힌 산은 거꾸로 서 있다
산 저쪽의 어둠 속에서
요염한 여자는 계란을 삶는다
껍질을 벗기며 자백을 뒤집는다
쓰러진 의자 뒷벽에 걸린
올가미 혼자 흔들리는
좀 더 오래된 여운을 듣고 있다

망부석

아득한 바다
불모의 나날은 가고
그리움에 떠돈
가슴 후비는 고독
지켜야할 언약은
파도 너머로 사라지고
칼날 같은 바람만
가슴을 친다
달은 또 뜬다
저기 먼 바다
흰 돛배는 오다가 사라진다
바람에 새긴
언약이던가

허공에 쓰러지는
아우성 같은,

막간극 –잠시暫時

1.
너는 신문사에 전화를 건다
곧 재미있는 게임이 시작될 거라며 침착하게 말한다

2013년 10월 9일 수요일 여자의 행적을 추적해본다 여자는 오후 일곱 시에 저녁을 먹었다 현미밥에 제육볶음으로 허기를 채운 여자는 분홍색 추리닝을 입는다 회색 모자는 눌러 쓰고 노란 옷을 입은 애완견을 동반한다 버릇처럼 집으로 돌아올 때 우유 한 팩을 사오기 위해 만 원짜리 지폐를 찔러 넣는다

2
너는 바비 인형을 갖고 논다
너의 입꼬리가 히죽거리는 게 섬뜩하다
너는 골목길에서 만난 길고양이를 걷어차곤 한다

여자는 여덟 시 사십 분 통화를 하면서 애완견을 데리고 편의점 앞을 지나간다 무심천을 지나 산책

을 한다 여자가 사는 마을에서의 마지막 모습이다 여자의 안방에는 여자가 곧 돌아올 것을 암시하는 불이 켜져 있다 여자는 산책 후 잠적한다 여자의 집 앞에는 우유가 쌓이고 신문이 쌓인다 누군가 와서 벨을 누르면 검은 그림자만 멈추다 간다

3.
너는 여자 옷차림으로 외출한다
좀비가 되어 너는 악마를 믿지 않는다

여자의 방에서 바람 우는 소리가 들리며 여자를 찾는 세상이 수선스럽다 때로 연고 없는 소식이 들려오고 죽음에 대한 후문은 묘연하다

4.
네가 세상에 태어난 것은 너의 뜻이 전혀 없다
너는 목을 매는 올가미를 만든다

여자의 후일담도 묻는 사람이 없다

5.
너는 하얀 데이지 꽃잎을 수세식 변기에 띄운다
빨간 립스틱 하나 거울을 보고 있다

죄의식이 없다 리플리 증후군은 나에게 짧은 입맞춤을 한다

□ 해설

시적 자유와 애매성
– 윤유점의 시세계

하현식 / 시인, 문학평론가

시적 자유와 애매성
- 윤유점의 시세계

하현식 / 시인, 문학평론가

1.

시적 자유는 무한한 상상력의 자유를 의미한다. 하나의 제재와 언어가 발휘하는 상상력이야말로 깊이 있는 시를 빚어내는 요체가 되는 것이다. 이러한 상상력의 배면에는 시의 애매성이라는 기술이 도사리고 있다. 지나친 현실성이나 직정성으로서는 상상력에 나아갈 수 없기 때문이다. 애매성 또는 모호성은 언어의 함축적 기능을 확장시킨다. 언어의 중의적 역할이나 다의적 효과에 의하여 새로운 시적 이미지에 다가갈 수 있다.

표제로 제시된 시적 자유와 애매성은 이러한 범위에서 현대시가 요구하는 필수불가결한 테마가 되는 것으로서 이는 윤유점시인의 한 특성으로 거론되는 것이다. 이 시인의 언어적 범위는 일별하여 하나의 의미로 직시될 수 있다. 그 언어는 나름의 기능과 역할로 제한되고 있으나 이러한 한계 속의 언어가 다양하게 집성됨으로써 새로운 이미지 내지 다양한 풍경을 창출하려는 의도를 내포한다. 이른바 의미의 다양성이며 이미지의 확대인 것이다. 이 시인의 언어들이 영위하는 지향점이 고착되어 있기보다는 자유로운 상상력을 바탕으로 확대되어가는 기능에 닿아있다. 여기에는 결국 시적 애매성이나 모호성이라는 딜레마에 봉착한다. 그러나 이러한 딜레마는 담당하는 현대적 의미가 시의 새로운 지평을 열어가는 관건이 되고 있으며 이 관건을 통하여 시가 필요로 하는 창조적 가치를 실현하게 된다. 전혀 무관한 언어군이 집결되었을 때 거기에서 난해한 이미지와 의미망이 도사리게 된다. 그러나 현대문명이 조성하는 복잡하고 다단한 구조적 특성을 여러 방향에서 다양하게 조명하고 분석해냄으로써 현대시로서의 신선하고 다의적인 상상력을 구체화하고 있음을 볼 수 있다.

윤유점 시인의 구조적 이벤트는 그러한 의미에서 보다 현대적 가치를 예리하게 표출해 낸다. 상상력의 다양화에 의한 시적 자유와 함축성의 볼륨을 극대화하는 시적 애매성의 특징을 통해서 이 시인은 자기 세계에 대한 개별성을 확립한다고 볼 수 있다.

2.

태풍의 눈 하나가
가장 고요한 순간을 지워버렸다
번개와 천둥에 놀란 장미
납작 엎드린 바다의 눈은
죽음의 사자처럼 너울거렸다
하얀 물보라 이는 파도
홀연히 나타난 관세음보살
감로수 한 방울 떨어뜨렸다
두 눈 부릅뜬 바다
잠잠해지고
날아가는 공작나비는
날개를 접었다 펼 때마다
눈을 떴다
일심으로 정성을 다하는
그 손길 하나하나에 눈이 달렸다
줄무늬 티셔츠에 박힌
호모사피엔스, 달콤한 오후였다
카메라 렌즈에 잡히는
허상은 어지러운 탑이 되었다
벼락 맞은 하나의 눈
슴새의 둥지에 핏빛으로 퍼졌다

–「키클롭스에 가서」 전문

시인은 유럽의 한 도시에서 '키클롭스'를 구체적인 사태에 직면하면서도 직설적으로 소견을 피력하지 않고 하나의 상황을 다양하게 접근함으로써 그 사태가 지닌 시적 이미지를 그려낸다. "태풍의 눈"

이 보여주는 판단유보라든가 이중적 잣대에서 드러나는 상황의 혼선을 야기시키는 것을 볼 수 있다. "태풍"이 암시하는 위협적 의식과 "눈"이 시사하는 점층적 이미지가 분리되는 데서 "납작 엎드린 바다의 눈"과 "죽음의 사자" 사이의 간극을 통해 하나의 비밀을 투사하는 것이다.

이러한 자연 현상의 명약관화한 비밀을 만들어내는 것은 "관세음보살"과 "공작나비"의 존재감으로서 가능한 것으로 설정된다. 이는 시적 화자의 고착된 종교관이라든가 동양적 의식에 길든 내면공간의 결과로 볼 수 있다. 서구적 풍경 속에서의 전통적 의식의 혼재는 시인이 저장하고 있는 시적 관점의 결구에서 바라보게 된다. 양대 문명의식의 충돌을 통해 시인은 시적 직정성을 회피하고 애매하고 모호한 구도 속에서의 우주적 깨달음을 기대하는 것이다. "정성"에서 "호모사피엔스"로 이어지는 '눈'의 변질을 통해서 스펙터클한 '키클롭스'를 창출하고 있는 것이다. "하나의 눈"으로서는 기대할 수 없는 "습새의 둥지에 핏빛"은 시인이 추구하는 진리의 핵심이 된 것이다.

경계 너머
누가 근원을 흔든다
위안을 줄 수 있는
비극, 소멸되기를 빌면서
수렴되는

세상과 멀리 떨어져 혼자가 된
유유히 머무는 순간을
감지하는 것
바람에 찢기는 외로움에
복받치는 눈물이 뜨거운
단절된 시간
불행은 어디서 오고 가는가
혼란은 날마다
흔들리다 평온해진다
고독은 사랑에 빠지는 길목
견고한 생각은
불길한 선택이 아닌
갈매기의 아릿한 울음소리다

－「부표」 전문

시인은 대상이 주는 강렬한 인상을 무화시키고 그 없음의 자리에서 다시 관념을 창출한다. '키클롭스' 에서의 "태풍의 눈"이 "슴새의 둥지에 핏빛"을 찾아내는 시선은 순간적인 것이 아니라 온갖 우여곡절을 통해서 얻어지는 것처럼 「부표」에서도 제재의 단순원리에 집착하는 것이 아니라 '부표' 를 존재하게 하는 물속의 온갖 트릭을 통해서 전혀 예상치 못하는 꿈의 원리를 천착하게 된다. 결국 「부표」는 자생하는 것이 아니라 세상의 온갖 장치와 구도를 바탕으로 이루어진다는 것을 보여주고 있다.

여기서의 "근원"은 우주생성의 근원이며 출발로 풀이되고 있다. 그러나 "흔든다"는 동사적 표기로서 세계의 위기와 역설을 구체화하는 것이다. 이 시인의 애매성은 이렇게 존재의 성립과정부터 적용되어 그 제재적 진실이 지닌 핵심조차도 애매한 정의에 닿아있다. 이는 곧 역사나 문화가 불가사의하듯 모호하게 설징됨으로써 존재의 참된 가치에 대한 평가도 다양하게 드러난다. “유유히 머무는 순간을 / 감지하는 것”은 ‘감지’로 기능의 한계를 짓는 것이 아니라 더욱 무구한 정신을 낚아 올리는 ‘부표’로 접근한다.

“단절”과 “불행”이 던져주는 다난한 순간이 뒷받침됨으로써 존재는 그 의미를 드러낸다. “혼란”과 “고독”을 마침내 “견고한 생각”으로 극복함으로써 ‘부표’로서의 가치 지향성이 성립된다. 이는 “갈매기”의 뜬금없는 출현으로 낯설게 한다

3.

눈 그늘이 짙어지면
투명하게 숨어있던 빛살이 돌아온다
어둠은 자취를 감추고
정해진 경계를 넘어올 수 없는 퇴적된 허공
시나브로 몰려드는 황금빛이 스멀거린다
관성인 하루는 늪이 되고
미행당하는 그림자는 숨을 곳이 없다
변함이 없는 타인의 좌표에 금을 긋고
나는 삶의 축을 거슬러 올라간다
과거와 미래의 어디에나 있는
생각했던 것들이 오늘에 이르고

내일로 향하는 사건은 얼굴을 가린 채 기다린다
고양이들은 밀회를 즐기고
뜨거워지는 하늘은 하얗게 질린다
바다에 빠진 백양나무도 하얗게 누워있다
궤도를 이탈한 행성은
대기 불안정한 지구로 떨어지고
햇살에 끌려오는 자작나무
수면의 잔상을 거둬내며 두 손을 활짝 편다
분할된 광속은 눈을 베인 시점에서
바람벽에 서서 눈을 감는다

－「손금」 전문

사실 '손금'은 동양철학에서 회자되는 행복의 관건이다. 시인은 행복이란 예정된 것이란 관념으로 제재를 접근해간다. 예정은 보다 더 기독교적인 관념이어서 시인의 기준으로서는 운명의 기준으로 판단하고 있다. "시나브로 몰려드는 황금빛"의 이미지는 생에 대한 긍정적 인식으로 귀착되고 있다. 시인의 인식으로서는 운명은 보다 더 관계성으로 규정된다. 특히 '타인'과의 거리를 통하여 내가 처한 상황이 행복과 불행으로 분화되는 정점이 「손금」에서 예언되어 있음을 투사한다. "과거"와 "미래" 또한 "오늘"과 "내일"의 궁극성을 재단하는 '손금'이 아니라 이를 모호하게 제시하여 인간이 지닌 숙명적 가치를 자정케 한다고 믿고 있는 것이다.

이를테면 13~14행에서의 "고양이"와 "하늘"은 무관한 관계성을 드러내지만 숙명적으로 양자가 지니는 운명적 의의를 어찌할 수 없다는 논리로 생의 인식을 해석한다.

"하얗게 질리는 하늘"이 "고양이"의 "밀회"를 재단하지 못하지만 "뜨거워지는" 온도의 옅고 짙음에서 사랑의 농도가 좌우된다는 막연한 추론을 시인은 계산하는지 모를 일이다.

"바다에 빠진 백양나무"와 "궤도를 이탈한 행성"의 운명조차도 일견해서는 불행을 반영할지 모른다는 추론에 사로잡힌다. 또 그것은 불행해지리라는 예언에 의하여 불행으로 판단되더라도 「손금」은 그것이 무위한 것임을 나타낸다. 결국 "분할된 광속"이 "눈을 감는다"고 함으로써 「손금」이 제시하는 무화의 의지를 결론짓고 있다.

열두 평 슬레이트 집에서
허공으로 내몰리는 당신
괘종이 세 번 울리면
세 개의 바늘은 영시에 멈춘다
당신은 두 시와 세 시 언저리에서
분침이 일직선 되는 시각을 찾아
깡소주를 마신다
천칭에 매달린 깃털처럼 가볍게 몸을 떤다
영혼의 접점이 사라진다
살아서 돌아온 날은 좀체 깨어나지 않는다
길이 끝나는 지점에 분다리꽃 피어있다
가슴 한편에 눈물이 고인다
흰 꽃이 붉은 꽃을 바라보는
지문을 지우는 일은 힘겹다

목소리는 거듭 휘청거린다
죽어가는 길에 문자판을 고정하는
환생한 카르마를 벗어던진다
그리니치 시간보다 빠르게 사라지는
당신은 흑점을 거듭 태운다

–「영시의 어둠」 전문

앞에서 「부표」가 표면상으로 평정심을 보이는 것처럼 이 시의 "당신"은 "깡소주"에 의탁하여 극한 상황을 생각한다. '세 개의 바늘이 일직선' 을 만드는 것이나 「부표」가 적막 속에서 존재의 의미를 표출하는 경지와 일치한다. 그러나 전자는 내외향적인 모습으로 지탱되고 후자는 외향성으로 접근한다. 그다지 좋지 않은 상황 속에서 "허공으로 내몰리는 당신"은 척박하고도 거친 환경 속에서 나름의 시간을 기대한다.

"두 시와 세 시 사이"의 각박한 시간이 가져다주는 긴장감을 느끼게 한다. 이러한 긴장감은 결코 절묘한 존재성이기보다는 막연하고도 모호한 불안과 혼란의 애매성을 드러낸다. 각자가 처한 존재의 입장에서 달리 수용되는 시류의 긴장감을 통해서 시적 요소가 산출된다.

"살아서 돌아온 날의 깨어나지 않음"의 비몽사몽의 상태를 연출하는 긴장감이 아닐 수 없다. '흰 꽃과 붉은 꽃' 의 관계성으로 풀어내는 긴장감의 농도에서 시인은 자유정신에 수반한 환상적 경지를 구현하게 된다. 그리고 "그리니치 시간보다 빠르게 사라지는 당신"의 "흑점"에서 삶의 기복과 고행을 떠올리며 한계상황에 처한 존재의 긴장된 내면의식을 실현한다. 궁극적으로 「영시의 어둠」은 삶 자체의 상징적 화두임을 시인은 역설한다.

4.

당신은 지금 원을 그린다
원에서 멀어질수록
세상을 한 바퀴 돌아 나오는
원은 점점 달그림자를 품는다
당신은 달의 높이에 올가미를 씌운다
상현과 하현이 지나가고
당신은 올가미를 잡아당긴다
달의 허리에 묶은
금줄 같은 점 하나에서
이상 더 밀려날 수 없는 당신
흔들림 없는 대제국을 세운다
실성한 듯 그러나 실성하지 않는
당신의 꿈은 또 다른 꿈을 꾼다
어항 속에서 헤엄치는 나비
그것은 당신의 개기일식,
검은 새떼가 날아오른다

–「당신의 낙서」 전문

"당신"의 '원을 그리는' 동작을 '낙서'로 규정한 구도의 시편이 「당신의 낙서」이다. '낙서'란 의도성이 개입하지 않는 순수 무구한 카타르시스의 방법이다. 그러나 '낙서'의 양식으로 '원을 그리는'

작업은 약간의 의도성이 개입되고 있다. 여기에서 시인은 독자로 하여금 판단의 혼란 속으로 걸어 들어가게 하여 거기에서 빚어지는 감성과 이성의 충돌을 기대한다.

결국 "원"으로서의 심상을 "달그림자"로 규정하여 단순한 "원"이 아니라 "상현과 하현"의 변화를 부여하기도 하고 "올가미"를 씌워 '낙서'의 진의를 강화하고 있다. 사실 '원을 그리는' 행위는 삶의 일상에 불과하다. 그러나 지루한 인생의 한 단면을 보여주는 의미에 입각하여 이를 해소하는 "상현과 하현"에다 "올가미"를 동원하는데서 삶의 보편적 가치를 일탈한다든가 또는 삶의 평면성을 극복하는 술수가 덧입혀진다. 그리하여 '낙서'는 삶의 변화를 지향하기보다는 오히려 즐기는 일이 되어버린 것이다. 급기야 11행에서 "대제국"을 꿈꾸는 "당신"으로 격상되어진다. '낙서'는 그 자체가 지니는 잡다한 가치성이 있는데도 시인은 오히려 그러한 비리한 방법론에서 하나의 "꿈"을 실현시킨다. 그리고 "실성한"의 기준과 "어항"과 "나비"의 역설을 통한 운치 있는 '낙서'를 창출하고 있다.

마지막 손짓을 삼킨
접신한 바다는 입을 닫는다
보이지 않을 뿐이다
분명, 저 어딘가에 숨어있다
달이 스러지고

겹겹이 사멸되는 하늘
바람결에 귀가 시리다
죽음의 순간 겹쳐진 피안은
삶이 맞닿은 중첩된 슬픔이다
박쥐가 날고 올빼미가 밤을 지킨다
그곳을 찾아 떠난 어부들
바다에 뿌리를 둔 채
서럽게 잠든다
가녀린 무녀의 무명천을 가른다
팽팽하게 부여잡은 너울은
북소리 따라 사라진다
목울대 타고 내리며
감았다 풀어내는 무심
서늘한 눈빛은 고요한다

–「안개에 대하여」 전문

시인은 '안개' 에 접근하면서 이 시의 서두에서 "바다의 손짓을 삼킨" 주체를 풀이한다. '안개' 자체의 동선이 아니라 '바다' 의 동선으로 '안개' 를 규명한다. 두 제재간의 전도된 위치에서 존재성과 그 의미를 천착하는 것이다.

그리고 '스러지는 달' 과 '사멸되는 하늘' 로서 '안개' 의 기능을 역설하는 것이다. 이는 존재가치가 지닌 절대적인 의미보다는 오히려 이를 둘러싸고 있는 제반 가치에 대한 진실을 규명함으로써 세계가 표방하는 커다란 진실에 다가가는 것이다.

이렇게 간접적으로 주변의 상황에 결부시켜 탐구된 '안개' 는 결코 차안적인 기능에 고착된 것이 아니라 '피안' 의 가치에 연결되어 마침내 '삶' 과 '죽음' 의 경지를 판단해내는 형이상학적 기저에 몰두하게 된다. '안개' 가 빚어내는 시각적 작용이 궁극적으로 추상화되어 인간의 근원적 이치를 소구하는 결과에 닿는다. 거기에는 '슬픔' 이 배어 있고 '뿌리' 가 배어 있어 표면상으로는 적막하지만 요동치는 정신이 배면에 깔리는 주체적 존재의식을 기대하는 것이다.

또한 '무녀' 의 유장한 동작을 통해서 제재의 개별성을 굴착하기도 한다. '무녀' 가 취하여 흔드는 "무명천" 의 "너울" 은 곧 바로 '안개' 의 형상화에 기여한다.

느린 움직임으로 "바다" 를 "달" 과 "하늘" 을 덮어버리는 유영에 의하여 세계의 신비한 상황과 현상을 조형하는 것을 볼 수 있다.

존재 간의 상대적 운동을 통해 만들어내는 풍경이 환상적으로 작용되면서도 자유정신의 인식에서 다양한 측면의 해석을 낳게 하는 것이다.

5.

숲은 귀가 아리다
바다는 생의 끝에서
돌아갈 날을 생각한다
숙주의 고뇌는
나무에 발톱을 박는 일이다
신령한 나무는

수액이 젖은 생의 애착에 머문다
기상은 장마를 예고하고
계곡을 타고 내리는 물길의 위협
온갖 소리는 살아가는 기억으로 잠든다
하얀 날개를 펴지 못하고 요절한 햇살은
긴 영겁을 환청으로 듣는다
다시 태어나는 한낮은
숨죽인 적막을 채찍질한다
바람으로 채워진 침묵
아득히 바다에 떠 있다

–「속초행」 전문

현실적으로 '속초'는 강원도에 소재하고 거대한 설악산을 안고 있다. 그리고 광활한 동해의 호연지기를 만끽하는 지역이다.

그러나 시인이 설정한 '속초'는 환상성의 공간이다. 이는 모티브로서의 근거를 "숲"과 "바다"로 삼고 있지만 어디까지나 현실적 공간이라기보다 이 시인의 내면적 공간으로 봄이 바람직하다. "숲"과 "바다"를 겸비한 공간은 허다하지만 그 어디든 공간으로서의 기능은 건재한바, 단지 시인이 기대하는 정신적 인식의 기능을 부여함으로써 전혀 새로운 시적 공간으로의 '속초'가 창출된다. 그리하여 "나무에 발톱을 박는" 고행의 아픔이 암시됨으로써 "숙주의 고뇌"가 구체화 된다. 이를테면 예수의 갈보리산이나 석가의 설산 고행이나 공자의 철환천하에 비유되는 진리 지향성의 푯대로 '속초'는 규정

되어진 것이다.

「속초행」에서 시인이 궁극적으로 지향하는 바는 "돌아갈 날"이며 그 시간적 함의를 통해서 시적 자유와 환상성을 성취시킨다.

그러나 시적 화자가 직면한 "나무"가 "발톱을 박는 일"로 "생의 애착에 머무"를 때 덮쳐오는 환멸감에 더 격정적인 좌절을 체험한다. "장마"와 "물길의 위협"과 "살아가는 기억"으로만 남을 뿐인 절망에 추락한다. 더구나 "요절한 햇살"이 몰아오는 암흑의 "기상"에서 소생할 수 없는 나락을 체험한다. 시적 화자의 열망이 마침내 "영겁"에 점화됨으로써 생의 가치나 의미에 대한 혁명적 인식에 도달하게 된다. "영겁"의 소용돌이 속에서 "다시 태어나는 한 낮"을 터득하게 되는 「속초행」의 반전에서 또 한 번 자유정신과 애매성의 시적 의의를 절감하게 되는 것이다.

절벽이 어지럽게 금이 간다
나비 한 마리 날아든
절벽 틈새로 얼룩이 진다
얼룩은 벽을 타고 오른다
벽은 내 눈을 감기고
반야의 길로 든다
장단고저 손장단에 헛소리를 친다
바람 사이로 햇살이 어린다
점멸하는 진언은 동심원을 그린다
희미한 흔적을 남기며 벽에 머문다

절망을 위로할 수 없는 마음은 안으로 삭이고
세상을 관조하는 엄숙한
고독은 욕망을 버리지 않는다

–「면벽 2」 전문

「속초행」이 매우 평면적 시간성에 의존하고 있다면 「면벽 2」는 입체적 공간성에 기조하고 있다. 전자가 화엄경의 선재동자가 진리를 찾아 헤매는 과정을 연상시킨다면 후자는 진리와 직접적인 대결로써 득음하는 예인의 자세를 연상시켜준다.

"절벽"의 "금"과 "나비"와 "얼룩"의 상호관계로써 '면벽'이 되는 추세가 매우 직접적인 긴박감을 가진다. "얼룩은 벽을 타고 올라" 반야의 길로 인도하는 역설적 구도에서 그 진의를 만나게 된다. "금"과 "나비"와 "얼룩"이 자아내는 일상적 원리는 보편성을 띠지만 표출되는 관계성의 구조는 자유정신에 입각한 미래지향적 가치를 내포하고 있다. "금"이 가지 않는 "벽"은 "나비"의 "얼룩"을 수용하지 않는다. 이는 "금"과 "얼룩"이 지니는 동질성으로 하여 시사점을 연결하고 있다. "벽"과 "나비"의 완전성과 "금"과 "얼룩"의 불완전성이 교직되는 묘미를 도외시할 수 없다. 이는 "바람"과 "햇살"이 교차되는 삶의 기복 또는 자연의 굴곡에 다름 아닌 것이다. 정신적 가치 역시 희비교환을 통해 열락과 좌절을 맞이하고 보내면서 진리의 접점을 찾아간다.

“고독”과 “욕망”의 함수 관계 역시 ‘면벽’의 심오한 대좌로서 깨달음을 가져다준다. 각박한 현실 앞에서도 ‘면벽’의 정신으로 치달을 때 눈 녹듯 해소의 희망을 갖게 된다. 시인은 그러한 열망으로 ‘면벽’한다. 그리고 깨우침과 깨달음에 이르지만 온갖 신고와 극복으로서 지향점을 성취하게 된다.

시인이 “벽에 머문”때 “마음은 안으로 삭이고 세상을 관조”케 된다.

결국 시인의 자유정신은 「면벽 2」로 완결된다고 볼 수 있다.

6.

궁극적으로 윤유점의 시적 구조는 자유정신을 바탕으로 하여 그에 상응하는 언어적 애매성으로 조명된다. 그러한 애매성은 시적 자유의식에 상보되어 하나의 언어로서 다양한 이미지와 의미를 창출한다. 가령 「키클롭스에 가서」라는 시의 ‘키클롭스’라는 공간성과 「부표」라는 존재성도 이 시인의 구도에 봉착하는 즉시 다양한 공간적 개성과 존재로서의 개별성을 천착하게 되는 것이다.

마찬가지로 「손금」이라는 인체 부위와 「영시의 어둠」에서 반영되는 시간적 의의가 단적으로 의미성의 고착된 가치가 아니라 철학적 의의로 무장된 삶의 인식에 닿음으로써 시적 깊이를 확보하게 된 것이다. 즉 「손금」이 지닌 운명적 내력과 「영시의 어둠」에서의 시간적 함의가 결국 하나의 틀에서 빠져나오는 실타래처럼 비밀스런 인간의 영혼 내지 삶의 원리에 대한 묵상을 드러내는 것이다.

또한 「당신의 낙서」에서는 지리멸렬한 생의 비극성을 초탈하기 위한 몸부림으로써의 연민과 「안개에 대하여」라는 시에서 지극히 비밀스런 대상에 대한 의의에 집착함으로써 「당신의 낙서」에서 표출한 의식의 흐름과 신비의 합일점을 추출해 내는 것이다. 이는 오로지 시인의 자유적 의식과 애매성의 합리화에서 얻어지는 시적 성과가 아닐 수 없다.

나아가서 「속초행」의 기행적 구조와 「면벽1,2,3」의 고행적 구조를 통해서 전자는 시간적 소유와 기대감, 후자는 공간적 몰입과 처절한 정신적 사투를 통한 자유의 성취를 얻어낸다. 함성의 외향적 특성과 침묵의 내향적 특성이 종국에는 일체에 도달하듯 기항과 사유의 이질성을 통해 삶이 무엇이며 어떻게 살아야 하는가를 규명한다. 여기에서 이 시인의 자유에 대한 스스로의 응답이 내재한다고 볼 수 있다.

결국 윤유점은 세계를 정좌하여 직시하기보다는 의도적으로 난맥상을 형성하여 혼돈과 같은 안개 속에서 헤매는 동안 진실과 진리의 근원을 찾아낸다. 하나의 시편이 단순한 인생론이 아니라 걷잡을 수 없는 안티테제의 결합을 집착함으로써 깊이성을 확보하게 된 것이다.

붉은 윤곽

시와사상 시인선 28

찍은날 | 2017년 12월 07일
펴낸날 | 2017년 12월 11일

지은이 | 윤유점
발행인 | 김경수
펴낸곳 | 시와사상사
부산광역시 금정구 부곡동 325-36번지
전화 : 051-512-4142
팩스 : 051-581-4143
E-mail : sisasang94@naver.com
http://www.sisasang.co.kr

등록번호 | 제05-11-7호
등록일자 | 2005년 7월 18일

인쇄처 | 도서출판 세리윤

값 9,000원

ISBN 978-89-94203-21-8 04810

• 본 도서는 2017년 부산문화재단 지역문화예술육성지원사업의 일부지원으로 시행됩니다
• 이 도서의 국립중앙도서관 출판예정도서목록(CIP)은 서지정보유통지원시스템 홈페이지(http://seoji.nl.go.kr)와 국가자료공동목록시스템(http://www.nl.go.kr/kolisnet)에서 이용하실 수 있습니다. (CIP제어번호 : CIP2017032737)
• 잘못된 책은 바꾸어 드립니다.
• 지은이와 협의에 의해 인지는 생략합니다.